Género **Artículo persuasivo**

Pregunta esencial

¿Por qué son importantes las reglas?

¿Son necesarias las reglas?

Anton Wilson

Capítulo 1

Las reglas nos protegen

El gobierno crea reglas para proteger a la gente.

¿Necesitamos reglas? ¿Son importantes? Los padres fijan reglas para la familia. Las escuelas dictan reglas para los estudiantes. El gobierno también crea reglas para los ciudadanos.

Las reglas son importantes. Las necesitamos para estar seguros. Nos ayudan a estar más unidos como ciudadanos.

Brendan Hoffman/Getty Images News/Getty Images

La gente visita un géiser llamado *Old Faithful* en el Parque Nacional de Yellowstone.

Jeff Henry/CORBIS

Los parques nacionales necesitan reglas

Los parques nacionales son lugares públicos. Yellowstone fue el primer parque nacional. Está formado por montañas, ríos, lagos y bosques. Las personas que lo visitan deben seguir las reglas. Las reglas protegen nuestros parques nacionales.

Este parque está en Tennessee y Carolina del Norte.

Estados Unidos tiene más de 400 parques nacionales. Algunos son sitios de belleza natural. Otros son lugares importantes para nuestra historia. Algunos son símbolos de este país. Las reglas los protegen. Así durarán mucho tiempo.

AHORA COMPRUEBA

¿Por qué los parques nacionales necesitan reglas?

Capítulo 2

Reglas para alimentos

El sello indica que la carne fue inspeccionada.

Necesitamos reglas para alimentos

Las reglas para alimentos ayudan a que estos sean seguros. Si no lo son, la gente podría enfermarse. El gobierno inspecciona ciertos alimentos, como la carne y los huevos. Si son seguros, se les pone un sello.

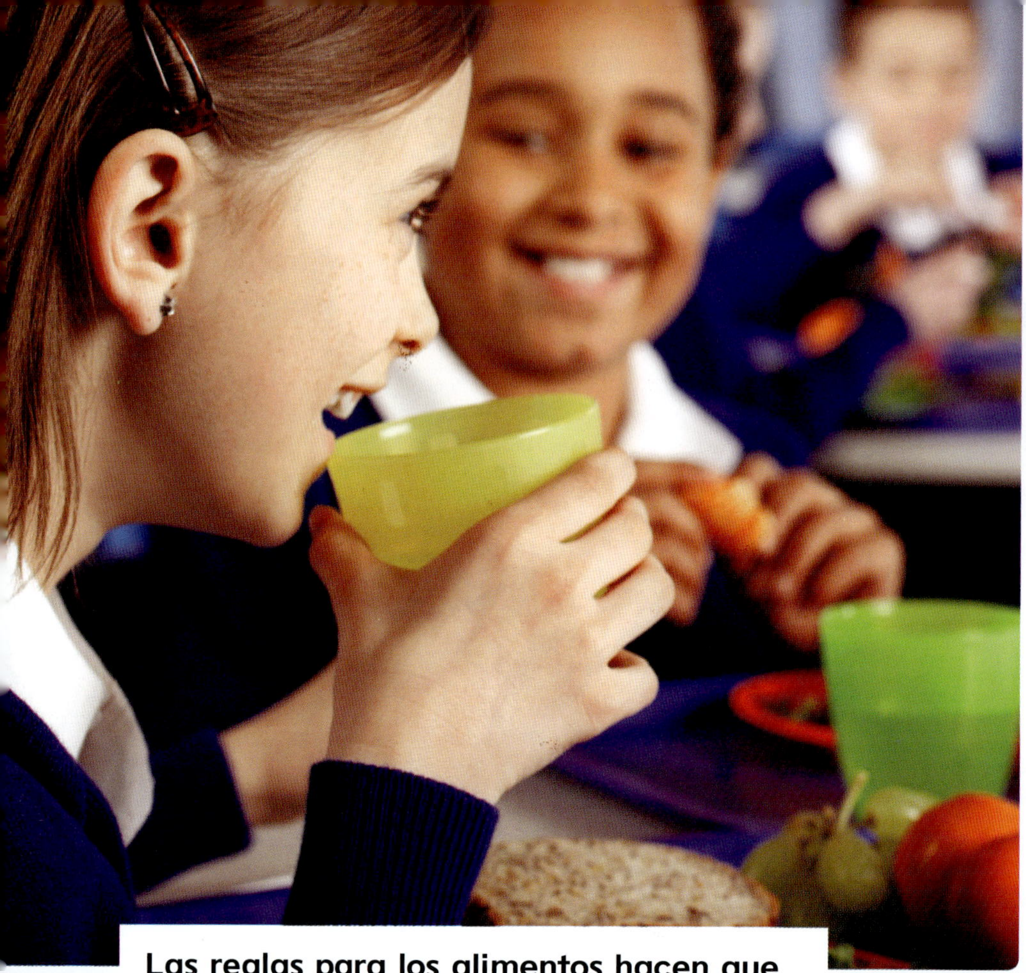

Las reglas para los alimentos hacen que los almuerzos de la escuela sean seguros.

Almuerzos escolares

Las escuelas siguen reglas para los alimentos. Sirven comida que fue inspeccionada. Las escuelas reciben alimentos y dinero del gobierno. Algunas sirven almuerzos gratis a los niños.

David Ashley/Corbis

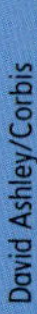

Seguridad alimentaria

Las reglas de seguridad para los alimentos son importantes. Algunos alimentos no se pueden comer crudos. El gobierno explica cómo cocinarlos de manera segura. ¡Seguir estas reglas puede salvar vidas!

Las reglas indican cómo cocinar la carne de manera segura.

Image Source/Getty Images

Cómo conservar huevos de forma segura

Tipo de huevo	Refrigerar	Congelar
huevos crudos con cáscara	Puedes refrigerar huevos crudos de 3 a 5 semanas.	No debes congelar huevos crudos con cáscara.
claras de huevos crudas	Puedes refrigerar claras de huevos crudas de 2 a 4 días.	Puedes congelar claras de huevos crudas por 12 meses.
huevos duros	Puedes refrigerar huevos duros por 1 semana.	No debes congelar huevos duros.

El gobierno indica cómo almacenar y servir alimentos de forma segura. La tabla muestra cuánto tiempo se pueden conservar los huevos.

Algunas reglas dicen qué temperatura debe alcanzar la carne para que podamos comerla.

Medicamentos

Las reglas para medicamentos son importantes. El gobierno hace pruebas a los medicamentos. Así, sabe si es seguro usarlos. Luego, los puede **aprobar**. Finalmente, las tiendas pueden vender los medicamentos.

AHORA COMPRUEBA

¿Por qué el gobierno crea reglas para alimentos y medicamentos?

Estas personas aprenden cómo tomar un medicamento.

Capítulo 3

Reglas para animales

Existen reglas para pescar.

Las reglas ayudan a proteger a los animales. El gobierno redacta reglas para la caza y la pesca. Estas reglas ayudan a los animales y a las personas. Quienes no cumplen con alguna regla deben pagar una **multa**.

Las reglas protegen los lugares donde viven los animales en los Everglades.

Las reglas del gobierno protegen los lugares donde viven los animales. Un animal no puede decirnos cómo comportarnos. ¡Pero el gobierno sí! Las personas que visitan estos lugares deben cumplir las reglas. Incluso los dueños de tierras en estas zonas deben seguir reglas sobre cómo usarlas.

AHORA COMPRUEBA

¿Por qué necesitamos reglas para proteger la naturaleza?

Illustration: Rob Schuster

Capítulo 4

Reglas para las ideas

La página de los derechos de autor está al comienzo del libro.

Hay reglas del gobierno que protegen las ideas de las personas. Las reglas de **derechos de autor** dicen que no se pueden copiar ideas de un libro. Al tener una idea, seguramente el escritor no pensaba en sus derechos. Pero estas reglas los protegen.

Andersen Ross/Photodisc/Getty Images

En la caja, "TM" significa "marca comercial". Nadie más puede usar este nombre de cereal.

Las reglas protegen a los inventores

Los inventores obtienen una patente para proteger sus ideas. Una patente es un documento que dice que el inventor tuvo la idea. Nadie más puede decir que tuvo esa idea antes.

Las reglas protegen las patentes de muchos artículos de tu casa.

Las patentes aseguran que nadie pueda fabricar, usar o vender el invento de otra persona. Esta regla ayuda a quienes tienen buenas ideas. Necesitamos las reglas del gobierno. Protegen nuestros derechos. Nos mantienen seguros y sanos. Nuestro mundo es un lugar mejor cuando seguimos las reglas.

AHORA COMPRUEBA

¿Por qué necesitamos reglas para proteger ideas?

Respuesta a la lectura

Resumir

Usa detalles para resumir *¿Son necesarias las reglas?*

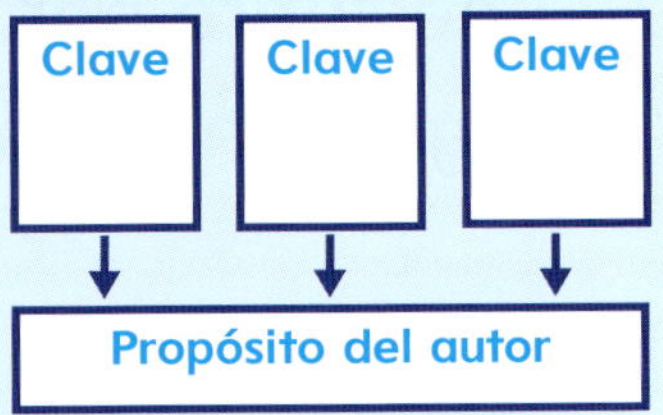

Evidencia en el texto

1. ¿Cómo sabes que *¿Son necesarias las reglas?* es un artículo persuasivo? **Género**

2. ¿Por qué el autor escribió este texto?

   Propósito del autor

3. Usa lo que sabes sobre homógrafos para hallar el significado de *tiendas* en la página 9.

   Homógrafos

4. Escribe acerca de por qué el autor cree que los parques nacionales necesitan reglas.

   Escribir sobre la lectura

Género **Artículo persuasivo**

Compara los textos

Lee sobre por qué son importantes las reglas en las piscinas.

Reglas en las piscinas

¿Te gusta nadar? Las piscinas son divertidas cuando hace calor. Muchas piscinas tienen las mismas reglas. Están escritas en carteles. Algunos carteles tienen dibujos. Así, todos pueden entender las reglas.

En muchas ciudades hay piscinas públicas.

Enigma/Alamy Stock Photo

NO TIRARSE DE CABEZA

Hay piscinas profundas. Pueden tener un trampolín. Pero hay piscinas poco profundas. Las reglas prohíben tirarse de cabeza en ellas. Esta regla ayuda a proteger a las personas.

NO CORRER

El borde de la piscina está mojado y resbaladizo. Hay un cartel que dice "No correr". Esta regla indica que se debe caminar con cuidado.

NO COMER NI BEBER

Está prohibido llevar comida o bebidas a la piscina. El agua podría ensuciarse. La gente podría resbalarse con restos de comida.

Las botellas de vidrio podrían romperse. Alguien podría cortarse un pie.

Es importante cumplir las reglas en la piscina. ¡Estarás seguro y te divertirás!

Haz conexiones

¿Qué regla importante cumples? ¿Por qué? **Pregunta esencial**

¿En qué se parecen *¿Son necesarias las reglas?* y *Reglas en las piscinas*? **El texto y otros textos**

Glosario

aprobar aceptar algo o considerarlo correcto ***(página 9)***

derechos de autor reglas que aseguran que una persona es dueña de algo que escribió o creó y puede ganar dinero con ello ***(página 12)***

multa dinero que debe pagarse por no haber cumplido una regla ***(página 10)***

Índice

Enfoque:

Estudios Sociales

Propósito Descubrir por qué son importantes las reglas de la clase

Qué hacer

Paso 1 Escribe dos reglas de la clase.

Paso 2 Escribe cómo ayuda a tu clase cada regla. Usa una tabla como esta.

Regla	Cómo ayuda

Paso 3 Compara tu tabla con la tabla de un compañero o una compañera.